10 9 8 7 6 5 4 3 2 1
Copyright© 2024 by CHEETAH® Toys & More, LLC.

No part of this publication may be reproduced, distributed, or transmitted in any form or by any means, including photocopying, recording, or other electronic or mechanical methods, without the prior written permission of the publisher, except in the case of brief quotations embodied in critical reviews and certain other non-commercial uses permitted by copyright law.

ISBN 13: 978-1-964243-56-6
ISBN 10: 1-964243-56-6

Permission request(s) should be submitted to the publisher in writing at one of the addresses below:
CHEETAH® Toys & More, LLC
207 Main Street, 3rd Floor
Hartford, CT 06106 USA

Port Antonio PO
Portland, Jamaica

info@mycheetahinc.com
paulettetrowers@yahoo.com
WhatsApp: 860-781-1726
876-909-6311

My Own ABC Animal Book

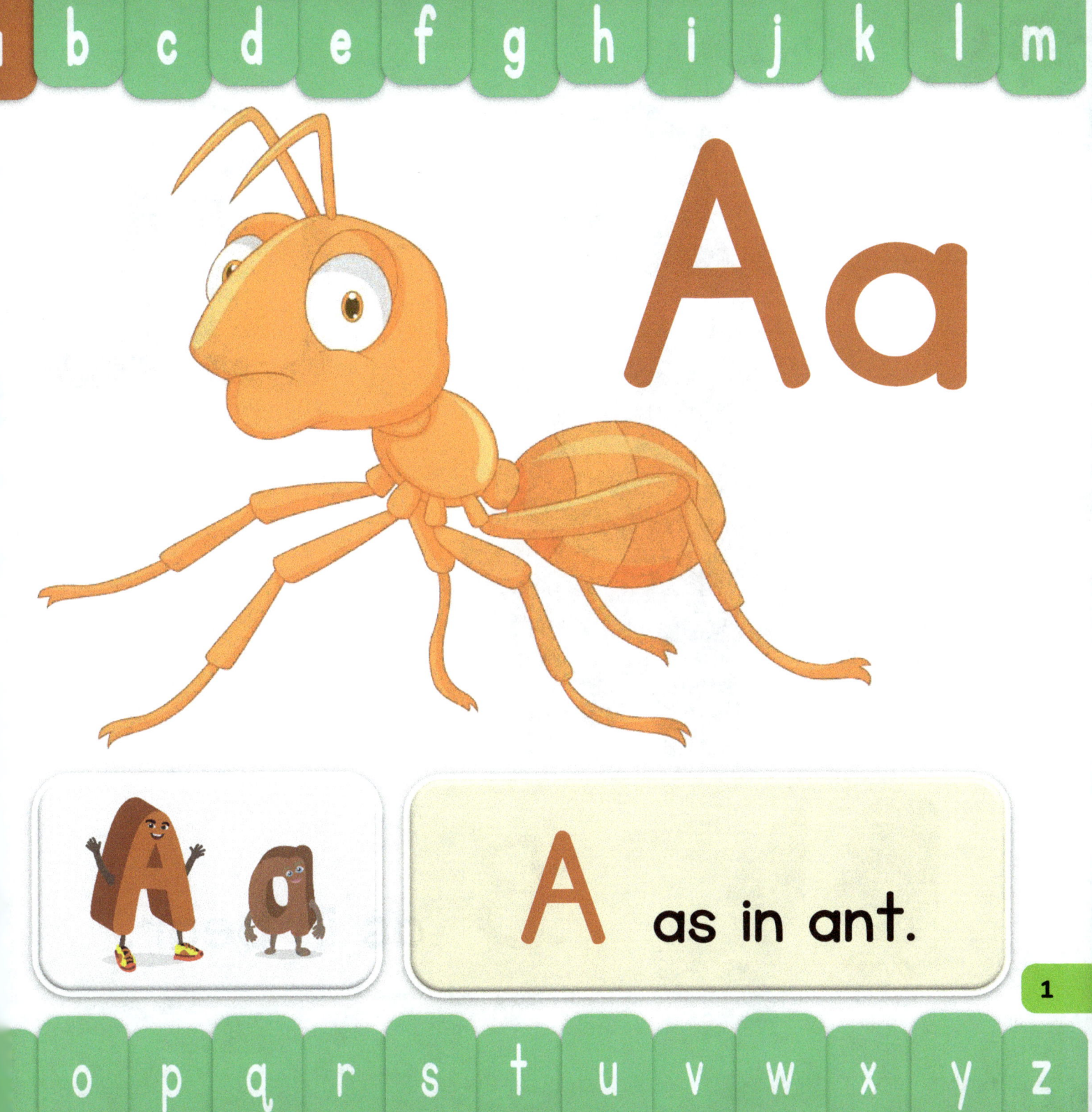

a b **c** c d e f g h i j k l

Bb

B as in bear.

n o p q r s t u v w x y

Cc

C as in cat.

a b c **d** e f g h i j k l

Dd

D as in dog.

n o p q r s t u v w x y

a b c d **e** f g h i j k l m

Ee

E as in elephant.

o p q r s t u v w x y z

a b c d e f g h i j k l

Ff

F as in ferret.

a b c d e f g **h** i j k l

Hh

H as in horse.

Ii

I as in iguana.

a b c d e f g h i **j** k l

Jj

J as in jaguar.

n o p q r s t u v w x y

a b c d e f g h i j k l **m**

Mm

M as in monkey.

o p q r s t u v w x y z

a b c d e f g h i j k l

Nn

N as in newt.

n o p q r s t u v w x y

a b c d e f g h i j k l

Pp

P as in pig.

n o p q r s t u v w x y

b c d e f g h i j k l m

Qq

Q as in quoll.

o p q r s t u v w x y z

a b c d e f g h i j k l

Rr

R as in rooster.

18

n o p q r s t u v w x y

b c d e f g h i j k l m

Ss

S as in snake.

o p q r s t u v w x y z

a b c d e f g h i j k l

Tt

T as in tiger.

n o p q r s t u v w x y

Uu

u as in umbrella bird.

a b c d e f g h i j k l

Vv

V as in vulture.

n o p q r s t u v w x y

a b c d e f g h i j k l

Xx

X as in fox.

n o p q r s t u v w x y

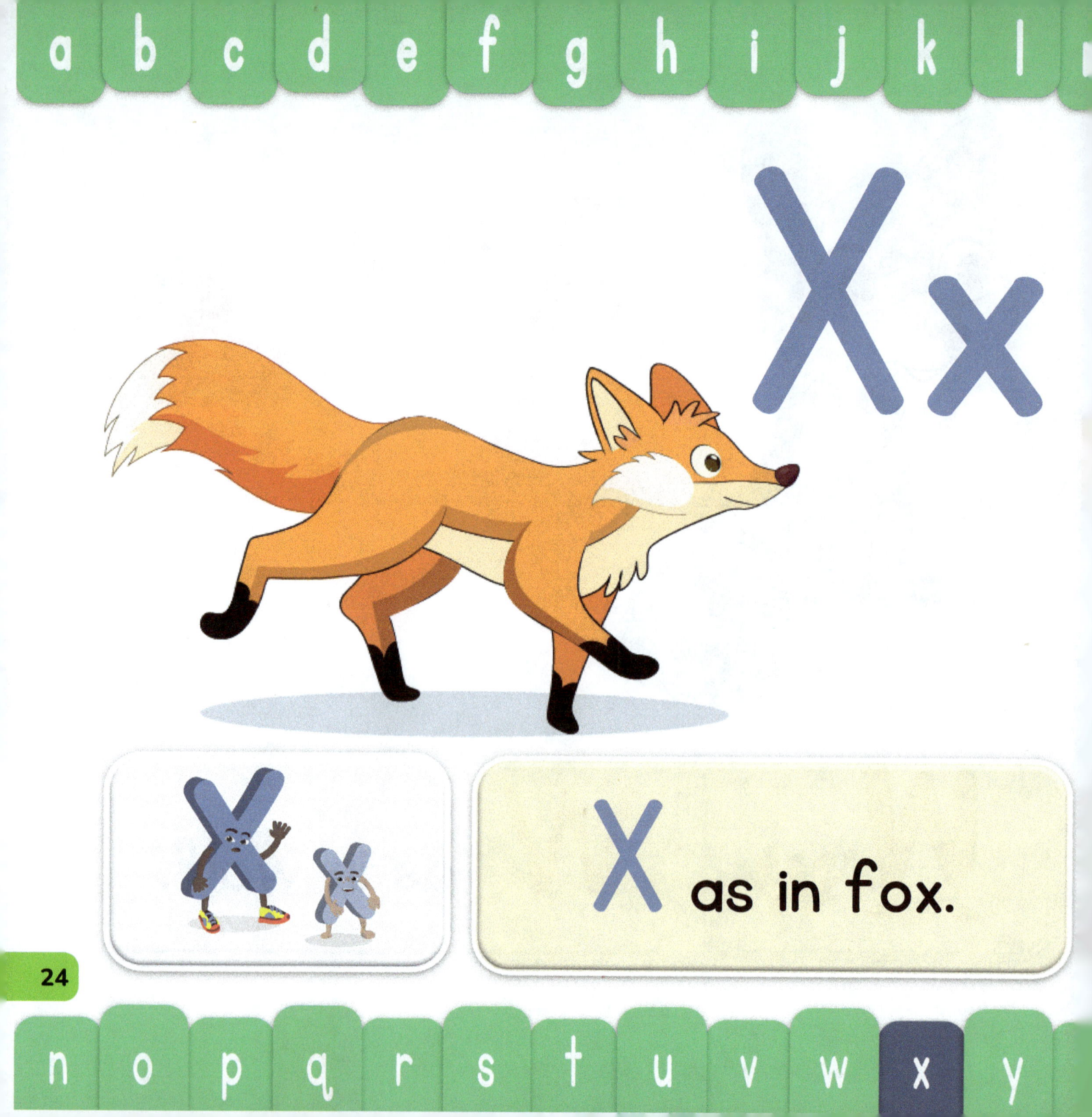

A B C D E F G H I J K L M

Yy

Y as in yak.

O P Q R S T U V W X Y Z

a b c d e f g h i j k l r

Zz

Z as in zebra.

n o p q r s t u v w x y

Printed in the USA
CPSIA information can be obtained
at www.ICGtesting.com
CBHW081225051024
15388CB00010B/197